天国へ
ご笑待《しょうたい》!

笑いで始めるクリスチャンライフ

卞《ビュン》 在昌《ジェーチャン》

小牧者出版

カバーデザイン　傳田康子

プロローグ

神様はなぜ笑いを与えられたのか？

「人生はクローズアップで見れば悲劇だが、ロングショットで見れば喜劇だ」

チャーリー・チャップリン

笑いは人間に与えられた幸福の宝物です。万物の長として造られた人間だけが受けている祝福とも言えるでしょう。

また、笑いは危機的な状況においてこそ力を発揮します。

一九八四年、アメリカ合衆国の大統領選挙で、共和党からロナルド・レーガンが、民主党からはウォルター・モンデールが選ばれました。当時五十六歳だったモンデールに比べ、レーガンは七十歳でした。レーガン陣営は「大統領になるにはあまりにも高齢である」という国民の認識を覆すことが最重要課題であると判断しました。モンデール候補が常にレーガンの高齢を槍玉に挙げてきたからです。レーガンは、どのようにこの攻撃を切り抜けたのでしょうか。

「すでに史上最年長の大統領となっている。危機に際して機能できるだろうか」

司会者のこの質問に、レーガンは顔色一つ変えずにこう答えました。

「わかっていただきたいのは、私はこの選挙で年齢問題を取り上げたりはしません。対抗馬の（モンデールの）若さや経験不足を政治利用することはありません」

レーガンのこのユーモアは、会場に爆笑の渦を巻き起こしました。モンデールがしつこくかみついてくる高齢の問題を、一瞬にして逆手にとってしまったのです。隣のモンデールまでもが笑ったのです。※1

世界中でユーモア、ジョーク、ウィットが楽しまれ、日本においても、落語やコント、漫才などが人々に喜ばれています。笑いは人々を楽しませ、車のエンジンの潤滑油のように人間関係をスムーズにする話術として用いられてきました。

笑いが注目されている理由

近年、笑いが世界的に注目を集めています。そこには、計り知れない医学的効果があるからです。笑いには驚異的な治癒力があることが、医学的にも証明されてきているのです。

アメリカ、スタンフォード大学のウィリアム・フライ博士は、一分間思い切り笑うことは、十分間オールで水をかくことと同じくらいの心拍数になると言っています。また、笑いは痛みをやわらげるという研究結果もあります。

笑いによって、糖尿病患者の血糖値に改善が見られたという研究結果もあります。

ウィンストン・チャーチルは「笑わないのは、百万ドルを銀行に預けて、そのお金を全く使わないのと同じだ」と語りました。※2

アメリカや日本での研究の結果、笑いには次のような効用があることが分かってきています。

・笑うと痛みが和らぐ
・笑うと前向きになれる
・笑うと自律神経のバランスが整えられ、副交感神経が優位になる
・笑うとセロトニン神経が活発化し、幸せホルモンが分泌される
・10分笑うと、2時間痛みが治まる
・笑うと酸素が脳に取り込まれ、血流が良くなる
・笑うと糖尿病がいやされ、高血圧になりにくく、認知症にもなりにくい

シュバイツァーは「人間のからだには完璧な薬局が一カ所ある。その薬局には万病に効く薬が一つある。それは笑いである」と言いました。

ノーマン・カズンズは「笑いは有効期限のない薬であり、奥深いところをリハビリするマッサージである」と語りました。

このように、笑いは肉体にも大きな影響を与えるものであることが分かってきています。実は、新約聖書には「いつも主にあって喜びなさい。もう一度言います。喜び

なさい」（ピリ4・4）など、「喜びなさい」という命令形が十五回以上もあります。動詞の「喜ぶ」が七十七回以上、旧約聖書では二百回以上も出てくるのです。聖書は私たちに、喜ぶことを命じているのです。

神様はなぜ私たちにこのような笑いを与えられたのでしょうか。笑いの意味を、聖書全体を通して見ていき、神様を信じる私たちこそが笑うべきであることをご一緒に学んでいきましょう。

「すべての国々の民よ。手をたたけ。喜びの声をあげて神に叫べ」（詩47・1）

目　次

第一部　笑いとは何か

一章　聖書と笑いの関係

「笑いとは喜びが爆発した時に発せられる音であり、喜びが引き起こす感嘆詞なのである」卞在昌

世界中で注目されている「笑い」。笑いは一見すると、聖書やクリスチャンの生活とは無関係のように思われます。しかし、聖書と笑いは切っても切れないものです。神様はそもそも、なぜ人間に「笑い」を与えられたのでしょうか。

笑いとは、喜びと楽しみの表れ

人が楽しみと喜びを一番簡単に表現しているのは、どのような時でしょうか。それは、笑っている時です。人は楽しい時には、とにかく笑います。これは人類共通の喜びの表現方法です。老若男女、年齢にかかわらず、喜び楽しむ時はとにかく笑います。

わっはっは！
くすくす
うふふ
笑いはすべて、堪え切れなくなった喜びと楽しみのエクスプロージョン（爆発）とエクスプレッション（表現）です。それが声になって、音となって現れたもの、それが笑いです。ですから笑いは、楽しみ、喜びの同義語と言えるでしょう。

聖書は喜び、笑いについて何と語っているか？

英国クリスチャントゥデイのコラムニスト、エレナ・フランシスは、笑いに関する聖句を調べ、笑いと神様との関係について次のように書いています。※3

●神様は笑われる

アリストテレスは、笑いが人間と動物とを隔てるものだと信じていました。聖書が明らかにしていることは、笑いは神様と人間だけが持つものだということです。

「主は彼を笑われる。彼の日が迫っているのをご覧になるから。」（詩37・13）
「天の御座に着いている方は笑い、主はその者どもをあざけられる。」（詩2・4）

●笑いは薬である

笑いはしばしば最高の薬と呼ばれます。聖書にもこのことが記されています。
「陽気な心は健康を良くし、陰気な心は骨を枯らす。」（箴17・22）
「心に喜びがあれば顔色を良くする。心に憂いがあれば気はふさぐ。」（箴15・13）

●笑いは神様からのプレゼント

神様は私たちが幸せになることを願っておられます。喜びは聖霊の実の一つであり、喜びを表現する最善の方法が笑いなのです。
「ついには、神は笑いをあなたの口に満たし、喜びの叫びをあなたのくちびるに満たす。」（ヨブ8・21）
「そのとき、私たちの口は笑いで満たされ、私たちの舌は喜びの叫びで満たされた。そのとき、国々の間で、人々は言った。『主は彼らのために大いなることをなされた。』」

「いま飢えている者は幸いです。やがてあなたがたは満ち足りるから。いま泣く者は幸いです。やがてあなたがたは笑うから。」（ルカ6・21）

（詩126・2）

●笑いにはタイミングがある

冗談を言う時にはタイミングが大切であるように、笑う時もタイミングが大切です。笑いは気持ちを高揚させますが、同時に人を傷つけ、落胆させることもあります。

「泣くのに時があり、ほほえむのに時がある。嘆くのに時があり、踊るのに時がある。」（伝3・4）

「私は、神を呼び、神が答えてくださった者であるのに、私は自分の友の物笑いとなっている。潔白で正しい者が物笑いとなっている。」（ヨブ12・4）

また、霊性研究の専門家のグ・ヨハン牧師は、喜び、笑い、楽しむという聖書の単語を調べて、自分自身も驚くような発見をしたと言います。聖書の中には心の奥から湧き出る静かな喜びの表現よりも、爆発する笑い、飛び上がって明るく神様を喜ぶ言葉の方がはるかに多いことを発見したのです。その単語を見ていきましょう。

【旧約聖書】

●アーラツ（עָלַץ）［ʽaw-lats］……喜び飛び上がる。大きく喜ぶ。

「私はあなたの救いを喜ぶ（アーラツ）からです。」（一サム2・1）

「私は、あなたを喜び（アーラツ）、誇ります。」（詩9・2）

「しかし、正しい者たちは喜び（アーラツ）、神の御前で、こおどりせよ。喜びをもって楽しめ（シムハ）。」（詩68・3）

●シムカ（שִׂמְחָה）［'sim-khaw］……ものすごく喜ぶ。

「御前の喜びで彼を楽しませて（シムハ）くださいます。」（詩21・6）

「喜び（シムハ）と楽しみをもって彼らは導かれ」（詩45・15）

●ギル（גִּיל）［gheel］……喜びのあまり駆け回る。

●サマーク（שָׂמַח）［´saw-makh］、スス（שׂוּשׂ）［soos］……明るい、明朗、楽しむ。

●ラーナン（רָנַן）［´raw-nan］……うれしくて大声で叫ぶ。

「おののきつつ喜べ（ギル）」（詩2・11）

「正しい者たち。主にあって、喜び（サーマフ）、楽しめ（ギル）。……喜び（ラーナン）の声をあげよ。」（詩32・11）

「あなたの救いに歓声をあげましょう（ギル）。」（詩9・14）

「わたしは主によって大いに楽しみ（スース）、わたしのたましいも、わたしの神によって喜ぶ（アーラツ）。」（イザ61・10）

【新約聖書】

●カーラ（χαρά 名詞［khar-ah´］）……喜び、カイロー（χαιρω、動詞）……喜ぶ。

「その星を見て、彼らはこの上もなく喜んだ（カイロー）。」（マタ2・10）

「義と平和と聖霊による喜び（カラー）だからです。」（ロマ14・17）

「しかし、御霊の実は、愛、喜び（カラー）」（ガラ5・22）

「いつも主にあって喜びなさい（カイローー）。もう一度言います。喜びなさい（カイローー）。」（ピリ４・４）

●アッガリアオー（ἀγαλλιάω）［ag-al-lee-ah'-o］……ひどく喜ぶ。喜び踊る。

「喜びなさい。喜びおどりなさい（アッガリアオー）。」（マタ５・12）

「イエスは、聖霊によって喜びにあふれて（アッガリアオー）言われた。」（ルカ10・21）

「あなたがたは大いに喜んでいます（アッガリアオー）。……栄えに満ちた喜びに（カラー）おどっています（アッガリアオー）。」（Ⅰペテ1・6、8）

「私たちは喜び（カイロー）楽しみ（アッガリアオー）、神をほめたたえよう。」（黙19・7）

聖書は喜びを3つの表現で表しています。笑い、涙、祝宴です。

笑いは、喜びが瞬間的に感嘆詞となって現れたものです。

涙は、深い感動が生理的現象となって現れたものです。

祝宴とは、喜びを共有し、祝うことです。

私たちは、笑いを通して天国の門に入り、涙を通して恵みの御座にひれ伏し、祝宴を通して御父の永遠の喜びに参加するのです。

玄関を通らずには家の中に入れないように、笑いなしに恵みの御座で踊ることはできません。聖霊によって笑うことは、天国の門をくぐることなのです。

二章　聖書にある笑いの物語

「というのは、すべてのことが、神から発し、神によって成り、神に至るからです。どうか、この神に、栄光がとこしえにありますように。アーメン。」（ロマ11・36）

聖書にも、「神が笑われる」と書かれています（詩2・4）。

ここからは、聖書に登場する笑いのストーリーを見ていきましょう。

「神はお造りになったすべてのものを見られた。見よ。それは非常に良かった。」

（創1・31）

最初は天地創造の場面です。天地を創造された時、神様は7回も感嘆の声を上げて喜ばれ、大いに笑われたことでしょう。その様子を少し想像してみましょう。

第一幕　宇宙に響く創造主の笑いのシンフォニー（創1・1〜2・3）

第一楽章……光と笑いのシンフォニー

天地創造の時、神様は光を造られ、その光を鑑賞し、大変感動されました。漆黒のやみの中から一筋の光が発せられる、天地創造のスペクタクル。神様はこの壮大な光景を見ながら、どれほど「すばらしい！」と歓声を上げたことでしょう。暗い夜空に高く舞い上がる花火を見て、私たちが歓声を上げるように、神様も光の美しさに驚きの声を上げたことでしょう！

「ワーーーーハッ、ハ、ハ、ハ、ハ、ハ！
これは最高傑作だ！　ハッ、ハ、ハ、ハ！」

第二楽章……空と海

神様は次に宇宙空間を創造されました。またこの時、地震や火山の爆発が起こり、水に覆われていた地球の表面に山脈ができ、谷や平野や低地が形成されたことでしょう。高い山から流れる水は、滝となってとどろきを上げながら落ち、川となって流れて行き、やがて青い海と一つになりました。その地球の成り立ちの光景は、どれほど荘厳で美しく、すばらしいものだったことでしょう。神様は、その景色をご覧になって、感嘆の声を上げました。

「なんてすばらしいんだろう！
ワーーーハッ、ハ、ハ、ハ、ハ、ハ！」

第三楽章……草原の花
神様は地球の全面を美しい花で覆われ、緑の野菜や樹木など、豊かな自然を創造されました。それは本当に美しいものでした。デッサンの線しかなかったキャンバスに、きれいな色が塗られていく様を想像してみてください。
創造主はこのようなご自分の作品を見て喜ばれました。歓声を上げ、手をたたいて笑って喜ばれたに違いありません。

「おぉ！　実に美しい！
なんてすばらしいんだろう！
いいね！　いいね！
ワーーーッハ、ハ、ハ、ハ、ハ、ハ！」

第四楽章……日と月と星
第四日に神様は、昼と夜を創造されました。
今、私たちが享受している二十四時間の昼と夜です。太陽系が完成し、明るい太陽の光が地球を照らしました。月が夜空に輝くために、神様は銀河の汚れた雲を掃除されました。また、美しい星々が夜空に現れて、創造主の神を歌いました。「夜」が創造されたのです。

「おぉ！　すばらしい！」
神様はこれをご覧になった時、思わず歓声を上げられました。

第五楽章……鳥と魚

ある学者たちは、生物は水から出たものだと主張します。それは真理です。聖書は、生き物が水の中で群がりあふれるよう、神が命令したと教えています。

「神は仰せられた。『水には生き物が群がれ。鳥が地の上、天の大空を飛べ。』」（創1・20）

水はあらゆる生物を生じ、繁栄させ、育みました。巨大な海洋生物であっても、水を離れては一歩も動くことができません。海を美しい宮殿のように装飾するサンゴも、水の中で生まれました。彼らは海をきらびやかに彩り、あらゆる魚が生まれ故郷を忘れられないほど魅力的なものにしました。また空には、渡り鳥が飛ぶようにされました。

創造主は、夜の海でレースをするクジラの群れを楽しみ、ご自分の造られた作品を見て、感嘆の叫び声を上げられました。

「何というすばらしい世界なんだろう！
クジラのダンスも最高！
アッハッハッハッハッー‐‐‐！」

第六楽章……蜂と蝶と鹿

フンコロガシという虫がいます。自分よりもはるかに大きな象などのフンを小さな前足で転がし、その一生を終えます。しかしこの時は、適度に働いて多くの時間をバカンスとして楽しんでいたことでしょう。まだのろいが世に入っておらず、死と病が蔓延していなかったのですから……。

人が創造される前に、すべての生物は互いに共存し、助け合い、愛し合っていました。
鹿がライオンと遊び、ネズミがヘビの洞窟で昼寝を楽しんでいました。

ある日、神様は森の中をご覧になりました。
猿たちがお互いの毛づくろいをしています。

ママ猿の懐には、赤ちゃん猿がすやすや眠っています。周りでは子猿たちが、ターザン遊びをして楽しんでいます。平安の中で子を育て、愛をささやく猿のカップルを見て、創造主は満足して笑みを浮かべました。

神様はこのようにして、愛の家庭を築く哺乳類を創造し、ご自分の楽園が完成に近づいていることを喜ばれました。

「なんてすばらしい世界なんだろう！

そうだ、このすべての世界を管理する特別な人を立てよう！

そうすれば、わたしの楽園は完成する！　ハッハッハーーーー！」

第七楽章……王子と王女の誕生

神様は人間を最後に創造され、楽園はついに完成しました。

人はこの楽園を管理するにふさわしい者として造られ、この楽園を治める王子と王女として、創造主の能力の一部さえ与えられました。

彼らは、神様のいのちを吹きこまれたので、特別に創造主なる神様と交わりながら会話をすることができました。

彼らは神の園を駆け巡りながらはしゃいだり、愛をささやきながら子グマの世話をしました。森の中で角が引っかかっている鹿を助け、なぜか絶壁で遊びたがるヤギと一緒に遊びました。また、峡谷に迷い込み、身動きが取れなくなった子羊を救出して、母羊を安心させました。

川の水しぶきを怖がる蟻の軍団のために、木の枝で橋を作り、水に溺れている蝶を助けるために葉っぱのボートを作ってあげました。

彼らは、一日中このようなことをして楽しんでいました。彼らの人気はうなぎのぼりです。動物は、互いに競って彼らを自分の背に乗せ、楽園を駆け巡り、楽しませてあげました。鳥たちも一緒についてきて、合唱をしました。

朝になると、王子と王女たちも鳥たちと一緒に、父なる創造主に賛美をささげました。それを聞いた神様はとても喜ばれました。

このように、愛の関係は深められていきました。

父なる神が皆に会いに行くと、日中あった出来事を皆で分かち合い、笑いが止まらない、そんな夜もありました。

「ハッハッハッハッ！
これこそわたしが望んでいた愛の国。
ついにわたしの国は完成した！　なんと幸せなことだろう！
何度見ても、完璧だ！
さぁ、皆でお祝いしようではないか！
ハッ、ハッ、ハッ、ハッ、ハッ、ハッ！」

第二幕　祝福の源のイサク（笑い）、誕生の物語（創18・9〜15）

天地創造に続いて見ていく場面は、イサク誕生の場面です。

アブラハムのひとり息子イサクは、将来来られる神のひとり子、救い主イエス・キリストを表しています。

イサク誕生の一部始終を見る時、後に来られる救い主が、全世界に笑いを与えるお方であり、天国の王であり、喜びの源であり、祝福の源であることが分かります。


イサクの誕生にまつわる事情はこうです。

神の使者はアブラハムに言われました。

「来年の今ごろ、わたしは必ずあなたのもとを訪ねる。その時、あなたの妻サラのお腹には息子がいる」


アブラハムは九十九歳にもなり、サラはすでに生理が止まった身なのに、突然やって来た客が「サラはすぐに妊娠して、来年には赤ちゃんを産みます」と言うのです。

「私は生理もすでに止まっています。その上、主人は百歳近いのに、そんなばかなことが起こるはずがありません」とサラは笑いました。

ところがこの人たちは、「なぜサラは笑うのか！」と叱りました。

彼女は外で一人で笑っていましたが、不信仰を見抜かれて叱られたのです。

すべての笑いが良いというわけではありません。

無意識のうちに笑ったとしても、不信仰から出た笑いは神から戒めを受けます。いくら見えないところで密かに笑ったとしても、神様に見抜かれてしまいます。神様の御前では、ごまかしはききません。


神の使者たちは、なぜここまでサラに厳しかったのでしょうか？

それは、アブラハムとサラが、信仰によって子どもを授からなければならなかったからです。

神様がサラに授けようとしていた子どもは、普通の子ではありません。その子は、祝福の基となる特別な子どもでした。信仰がない人に、神の選ばれた子を授けることはできません。


「信仰がなくては、神に喜ばれることはできません。神に近づく者は、神がおられ

ることと、神を求める者には報いてくださる方であることとを、信じなければならないのです。」（ヘブ11・6）

ひょっとしたら神様は、この祝福の約束を取り消そうとされたかもしれません。神の約束を笑うなど、絶対にしてはならないことだからです。私たちも神の力を信じず、約束を笑ったりしてはなりません。なぜなら、奇跡が行われるためには、あなたの信仰が絶対に必要だからです。

神様が約束された通り、一年後に息子イサクが生まれました。毎朝、息子を呼ぶ声が聞こえてきます。

「笑い！　ククク！　どこにいるの？」
「笑い！　ハハハ！　あなたはどこに行ってきたの？」
「笑い！　こちらにおいで、早くおいで、笑い！」

イサクという名前は、「笑い」という意味ですが、具体的には「ククク！　ハハハ！」といった笑い声のことです。

神様の戒めによって信仰を回復したアブラハムとサラは、子を授かるためにどれほどの信仰の努力をしたことでしょう。彼らは信仰を持って、毎日のように神の約束の成就を信じ、最善を尽くしました。そして最後に信仰によって笑うようになり、子どもに「笑い」という名をつけるほどになったのです。

「サラはみごもり、そして神がアブラハムに言われたその時期に、年老いたアブラハムに男の子を産んだ。アブラハムは、自分に生まれた子、サラが自分に産んだ子をイサクと名づけた。そしてアブラハムは、神が彼に命じられたとおり、八日目になった自分の子イサクに割礼を施した。アブラハムは、その子イサクが生まれたときは百歳であった。サラは言った。『神は私を笑われました。聞く者はみな、私に向かって笑うでしょう。』」（創21・2〜6）

第三幕　敵をあざ笑われる神様（詩2篇）

メシヤが完成される天国の預言は、詩篇2篇に力強く描かれています。

「天の御座に着いている方は笑い、主はその者どもをあざけられる。ここに主は、怒りをもって彼らに告げ、燃える怒りで彼らを恐れおののかせる。」（詩2・4〜5）

天の御座に座られる主が敵をあざ笑い、ついには怒りを発して裁きを命じられるのです。

神様が笑われると直接的に表現されているのは、恐らくここが最初の箇所です。しかし、この笑いは単純な笑いではなく、敵をあざ笑う笑いです。天の父なる神様は、神の国に敵対する世の国々や王、権力者たちをあざ笑いました。私たちも敵への勝利を宣言し、敵をあざ笑うべきです。

私たちもサタンの策略に対して、あきれてあざ笑いましょう。サタンの攻撃によって苦しめられても、逆転勝利の信仰でサタンを叱り、悪魔に勝利宣言をし、大胆に笑わなければなりません。

第四幕　メシヤの誕生と笑いの国の到来（ルカ2・10〜14）

メシヤの誕生は、義と平和と喜びの国の到来を知らせるグッドニュースでした！

「御使いは彼らに言った。『恐れることはありません。今、私はこの民全体のためのすばらしい喜びを知らせに来たのです。きょうダビデの町で、あなたがたのために、救い主がお生まれになりました。この方こそ主キリストです。あなたがたは、布にくるまって飼葉おけに寝ておられるみどりごを見つけます。これが、あなたがたのためのしるしです。』すると、たちまち、その御使いといっしょに、多くの天の軍勢が現れて、神を賛美して言った。『いと高き所に、栄光が、神にあるように。……』」

（ルカ2・10〜14）

神の御使いは、私たちにこのように告げました。

「ここにうれしいニュースがあります！　すべての民に対する大きな喜びのニュースです！

神様に賛美！　神様に栄光！　地上には、愛する人々に平和がありますように！」

御使いたちは、神の義と平安と喜びの成就を歌っています。救い主の誕生によって、天国が地上に実現されることを告げているのです。

ですから、これ以降に福音を伝えるすべての伝道者たちは、この神の義と平安と喜びが実現した、笑いの国の到来を伝える伝道師なのです。ハレルヤ！

第二部　天の御国は笑いに満ちている

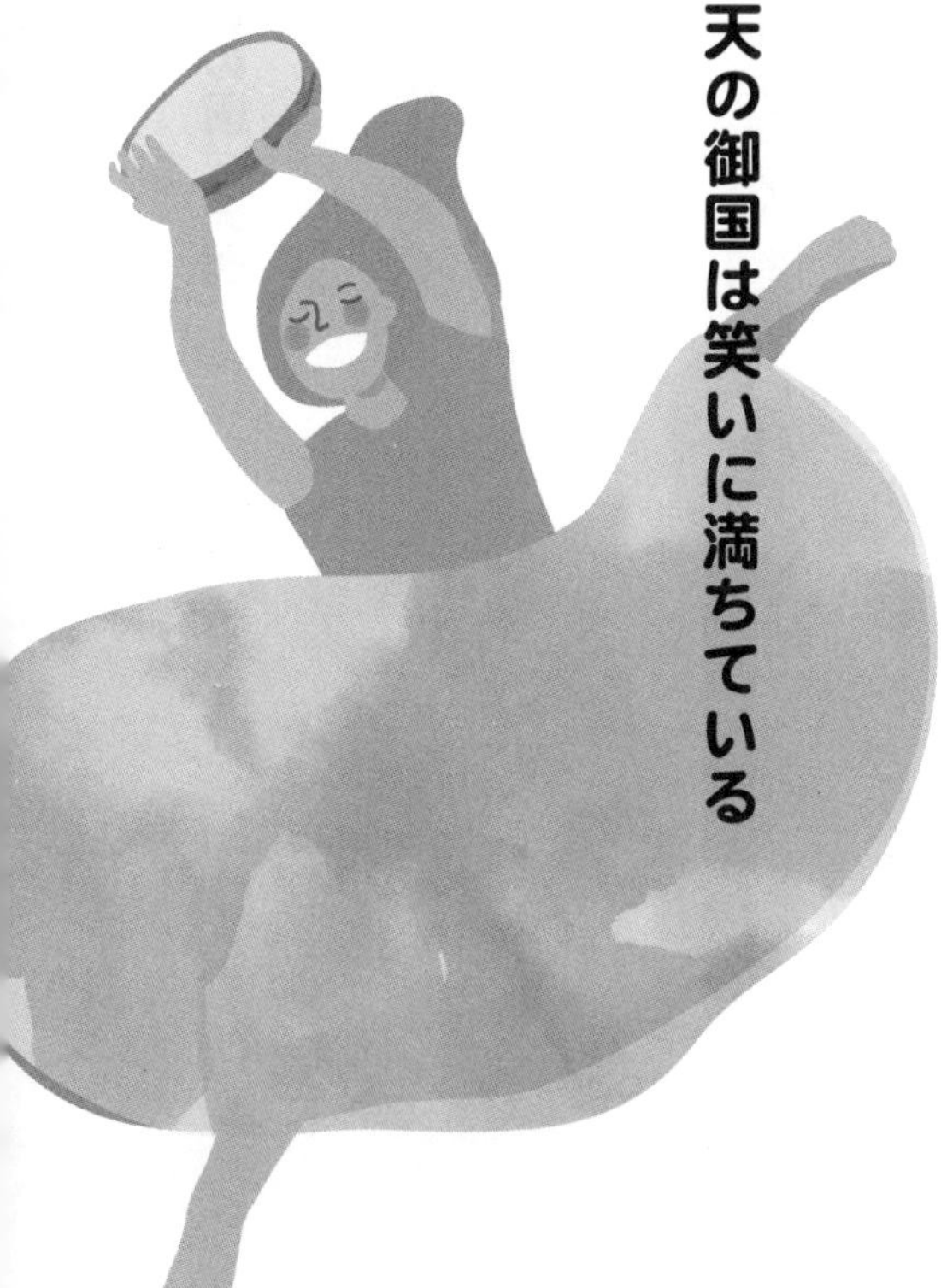

三章　笑いの国、天国

天の御国は、救いの祝宴、笑いの祝宴を開いている国です。天の御国全体が、笑いと喜びに満ちています。この章では、天の御国がどれほど笑いに満ちたところかを考えてみましょう。

天の御国は自分の救いを喜ぶ場所

「だがしかし、悪霊どもがあなたがたに服従するからといって、喜んではなりません。ただあなたがたの名が天に書きしるされていることを喜びなさい」（ルカ10・20）

弟子たちがイエス様に遣わされて出て行った時、イエスの御名によって命じると、悪霊さえも出て行き、病人に手を置けば病人はいやされました。弟子たちは宣教の奇跡を数え切れないほど体験し、帰ってきてイエス様に報告しました。その時、イエス様は彼らにこう語られました。

「悪霊たちがあなたがたの言葉に聞き従ったことを喜ぶより、あなたがたの名前がいのちの書に記されていることを喜びなさい！」

つまり、天の御国の市民権を得たという事実は、悪霊が服従することとは比べものにならないほど、はるかに大きなことだということです。

ですから何よりもまず、自分の名前が天に書き記されていることが大切です。自分の救いを差し置いて、他人の救いを喜ぶ祝宴になってしまっては、悔やんでも悔やみきれません。驚くべきことですが、イエスの御名によって数々の病人をいやし、悪霊たちを追い出した者たちの中にも、天国の市民ではない預言者たちがいると警告されています（参／マタ7・21〜23）。

「人は、たとい全世界を手に入れても、まことのいのちを損じたら、何の得がありましょう。」（マタ16・26）
「私は自分のからだを打ちたたいて従わせます。それは、私がほかの人に宣べ伝えておきながら、自分自身が失格者になるようなことのないためです。」（Ⅰコリ9・27）

天の御国は一匹の羊を見つけた羊飼いたちの笑いに満ちた場所

「あなたがたのうちに羊を百匹持っている人がいて、そのうちの一匹をなくしたら、その人は九十九匹を野原に残して、いなくなった一匹を見つけるまで捜し歩かないでしょうか。見つけたら、大喜びでその羊をかついで、帰って来て、友だちや近所の人たちを呼び集め、『いなくなった羊を見つけましたから、いっしょに喜んでください』と言うでしょう。」（ルカ15・4～6）

今日の大半の畜産業は、牛や豚を狭いケージに閉じ込めて、飼料を食べさせ、商品として扱っています。このような時代では、到底この聖書箇所を理解することはできません。

失われた一匹の羊を探すために、九十九匹の羊を置いて探しに出て行く羊飼いの心は、採算をはるかに度外視した、想像を超える愛に満ちています。

イエス様は天の御国の喜びを、このような愛に満ちた羊飼いの心情にたとえられました。

イエス様はこう語られています。

「わたしは、良い牧者です。良い牧者は羊のためにいのちを捨てます。」

(ヨハネ10・11)

羊飼いと羊の関係とは、このようなものです。この関係をより深く理解するために、羊飼いダビデの言葉を見てみましょう。

「しもべは、父のために羊の群れを飼っています。獅子や、熊が来て、群れの羊を取って行くと、私はそのあとを追って出て、それを殺し、その口から羊を救い出します。それが私に襲いかかるときは、そのひげをつかんで打ち殺しています。このしもべは、獅子でも、熊でも打ち殺しました。」(Iサム17・34〜36)

羊飼いダビデは、一匹の羊を守るためにいのちをかけました。ライオンや熊は、少年が簡単に勝てるような獣ではありません。しかもライオンは、単独行動をほとんどしません。群れで行動してえさを捜します。そんなライオンの群れに立ち向かうことは、危険そのものでした。

しかしダビデは、羊を守るために熊やライオンに立ち向かい、その口から羊を救出したのです。

このようないのちをかけた愛の関係が、真の牧者と羊の関係です。まことの羊飼いは、九十九匹の羊を野原に置いて、一匹の失われた羊を探しに出かけます。そして見つけると、肩に乗せて町に帰り、友人たちを集めて祝宴を開くほど大喜びするのです。天国とはこのように、失われた羊を見つけた羊飼いの喜びそのものなのです。

天の御国はなくした銀貨を見つけた主婦がニコニコと笑う場所

「また、女の人が銀貨を十枚持っていて、もしその一枚をなくしたら、あかりをつけ、家を掃いて、見つけるまで念入りに捜さないでしょうか。」（ルカ15・8）

ここに登場する女性は、銀貨十枚が全財産だったのかもしれません。子どもの結婚資金のために、こつこつとお金を貯めていたのかもしれないのです。そしてとうとう娘の結婚が決まり、その準備のために銀貨を取り出したところ、一枚の銀貨を落としてしまったのです。

銀貨はコロコロと転がり、どこに行ったのか分かりません。しかし、だからといって、簡単にあきらめることができるでしょうか。この銀貨は、娘の結婚資金にどうしても必要なのです。家全体をすみずみまで探し、夕方まで探し続けて、とうとうなくした銀貨を見つけました。その時の喜びは、計り知れないものです。

「見つけたら、友だちや近所の女たちを呼び集めて、『なくした銀貨を見つけましたから、いっしょに喜んでください』と言うでしょう。あなたがたに言いますが、それと同じように、ひとりの罪人が悔い改めるなら、神の御使いたちに喜びがわき起こるのです。」（ルカ15・9～10）

天の御国では、一人の罪人が悔い改めて救いを得る時、この銀貨を見つけた女性のような喜びに満たされます。うれしさのあまり、口を閉ざすことができず、周囲にこの喜びを分かち合うのです。

天の御国は、抑えることのできない笑いが伝染していくような、喜びに満ちた場所なのです。

天の御国は、放蕩息子を迎えた父の喜びに満ちた場所

失ったと思った放蕩息子を取り戻した父親は、周りの友人を片っ端から集めて祝宴を開き、喜びの声を上げました。（ルカ15・11〜32）
この父の心の喜びは、どれほどだったでしょうか。世界のすべてを手に入れたかのような喜びに満ちていたことでしょう。
天の父の心とは、どのようなものでしょうか。

(1)天の父は過去を責めない
息子は父親に、「お父さん。私は天に対して罪を犯し、またあなたの前に罪を犯し

ました。もう私は、あなたの子と呼ばれる資格はありません」と告白しました。
ところが父親は、使用人たちにこう言いつけたのです。

「急いで一番良い着物を持って来て、この子に着せなさい。それから、手に指輪をはめさせ、足にくつをはかせなさい。そして肥えた子牛を引いて来てほふりなさい。食べて祝おうではないか。この息子は、死んでいたのが生き返り、いなくなっていたのが見つかったのだから。」（ルカ15・22～24）

こうして祝宴が始まりました。

親の愛は、過去の罪や過ちを責めません。血を分けた兄弟さえも、利益がからむと憎み合います。しかし、親は子どもが生きて帰ってきただけで、過去のことはどうでもよくなるような愛を持っています。天の父の愛は、私たちの罪と過ちを責めることをしません。むしろ喜んで祝宴を開き、子どもの帰還を祝ってくれるのです。
これが一人の罪人が悔い改めて戻ってきた時の、父なる神の姿です。聖書は、天国とはこのような喜びに満ちた場所であると教えています。

(2)天の父は損失をいとわない

弟が父に受け入れられたのを見て、兄は怒りました。

「それなのに、遊女におぼれてあなたの身代を食いつぶして帰って来たこのあなたの息子のためには、肥えた子牛をほふらせなさったのですか。」(ルカ15・30)

兄が怒るのももっともです。しかし、これが子を愛する親の心なのです。

ダビデも息子アブシャロムに謀反を起こされた時、それでも息子を愛しました。息子が殺されたことを知った時には、食事ものどを通らず、嘆き悲しみました。これが父の心です。

「わが子アブシャロム。わが子よ。わが子アブシャロム。ああ、私がおまえに代わって死ねばよかったのに。アブシャロム。わが子よ。わが子よ。」(Ⅱサム18・33)

四章　天の御国の時系列

これまで、天の御国は、笑いと喜びに満ちている場所であることを学んできました。さらに私たちは、この天の御国がいつ臨むのかということをしっかりと知る必要があります。

天の御国はいつ到来するのでしょうか。アダムとエバの失楽園以降、天の御国は大きく分けて三段階にわたって到来すると言えます。

第一段階

律法と預言者を通して、天の御国の到来が預言されていた時期です。預言者イザヤによって預言された荒野で叫ぶ声も、預言者マラキによって預言されたエリヤ（マラ4・5～6）も、このキリストによって到来する天の御国を告げ知らせました。この最後の預言者は、バプテスマのヨハネでした。

「この人こそ、『見よ、わたしは使いをあなたの前に遣わし、あなたの道を、あなたの前に備えさせよう。』と書かれているその人です。……ヨハネに至るまで、すべての預言者たちと律法とが預言をしたのです。あなたがたが進んで受け入れるなら、実はこの人こそ、きたるべきエリヤなのです。」（マタ11・10、13〜14）

第二段階

イエス・キリストが世に来られ、天の御国が世に到来してから、全地にその福音が宣べ伝えられました。この段階は、神の民が集められる時期です。天の御国の王であるキリストが世に来られた時、御国が到来しました。そこから、私たちに働きをゆだねて天に戻られ、再び再臨されるまでがこの時期に当たります。

「バプテスマのヨハネの日以来今日まで、天の御国は激しく攻められています。そして、激しく攻める者たちがそれを奪い取っています。」（マタ11・12）

バプテスマのヨハネの日以来、天の御国はこの地上に開かれています。聖霊が臨み、信じる者の内に住まわれ、満たし、統治してくださいます。それこそが天の御国です。神はキリストが再び来られるその日まで、ご自身の民を集めて救う収穫の時期を与えてくださっているのです。

第三段階

キリストが天の御座から再び世に来られて、生きている者と死んだ者とを裁かれ、永遠の地獄と永遠の新天地を与えてくださる段階です。

「人の子が、その栄光を帯びて、すべての御使いたちを伴って来るとき、人の子はその栄光の位に着きます。そして、すべての国々の民が、その御前に集められます。彼は、羊飼いが羊と山羊とを分けるように、彼らをより分け、羊を自分の右に、山羊を左に置きます。そうして、王は、その右にいる者たちに言います。『さあ、わたし

の父に祝福された人たち。世の初めから、あなたがたのために備えられた御国を継ぎなさい。』」（マタ25・31〜34）

「また私は、新しい天と新しい地とを見た。以前の天と、以前の地は過ぎ去り、もはや海もない。私はまた、聖なる都、新しいエルサレムが、夫のために飾られた花嫁のように整えられて、神のみもとを出て、天から下って来るのを見た。そのとき私は、御座から出る大きな声がこう言うのを聞いた。『見よ。神の幕屋が人とともにある。神は彼らとともに住み、彼らはその民となる。また、神ご自身が彼らとともにおられて、彼らの目の涙をすっかりぬぐい取ってくださる。もはや死もなく、悲しみ、叫び、苦しみもない。なぜなら、以前のものが、もはや過ぎ去ったからである。』」

（黙21・1〜4）

聖徒はいつ天の御国に入るのか？

東洋思想は、天の御国を来世に置く傾向が強いようです。そのため、キリストを信じる多くの人が、天の御国とは死んだ後に行くところだと思っています。しかし、実際に天の御国は「今」、私たちの内に臨んでいるのです。

イエス様は「悔い改めて福音を信じなさい。天の御国が戸口に到来したから」と宣べ伝えられました。イエス様は、その全生涯を通して、「今」この地上に臨んでいる天国について宣べ伝えられたのです。後に入る天国について語られているのは、新約聖書の中で全体のたった十パーセントにも満たないでしょう。

ですから、私たちは「今、この地上に臨んでいる天国」に関心を持ち、フォーカスを合わせなければなりません。そして、この世にいながら、天の御国での生活を始める必要があるのです。

本章では、私たちがどのようにして、天の御国を享受して生きることができるのかについて、お話ししたいと思います。

1　天の御国は、日々勝ち取るもの

天の御国は、私たちが毎日、霊の戦いを通して勝ち取るものです。水と御霊によって新しく生まれた瞬間、私たちは皆、神の国、天の御国に生まれます。しかし、実際には私たちの肉体はまだこの地上にいます。地上においては、聖霊様が自分自身を統治してくださる時にのみ、天の御国が実現します。

ですから私たちは、毎日霊的な戦いをし、これを勝ち取らなければならないのです。天国を勝ち取った時に、神様の義と平和と喜びが臨むのです。

「バプテスマのヨハネの日以来今日まで、天の御国は激しく攻められています。そして、激しく攻める者たちがそれを奪い取っています。」(マタ11・12)

このみことばから、私たちは二つのことを知ることができます。

第一に、預言者であるバプテスマのヨハネを分岐点として、天国がこの世にすでに激しく臨んだということ、

第二に、この天国を所有するためには、霊的に激しい戦いをしなければならないということです。

キリストは、十字架の上でご自身の民を贖われました。誰でも信じる者は新しく生まれ、天国の民にされたのです。しかし、悪魔は自らが火の池に投げ込まれるまでは、

キリストを信じる者を激しく攻撃しています。

そのため、キリストを信じた後も、私たちはこの救いを保ち、天国の喜びを守り通すために霊的な戦いをしなければなりません。この地上における天の御国は、日々の霊的戦闘に勝利した人々だけが享受できる特権なのです。

2　天国は子どものように笑う者が享受する

子どもと大人の違いは何でしょうか。外見は当然違いますが、内面的には「心」が大きく違います。子どもの心は天真爛漫ですが、大人の心は道ばたのように硬くなっていることが多いものです。

それは、「笑い」の差となって現れます。統計的に大人は一日に十五回しか笑わないのに対して、五歳児は一日三百～四百回笑うそうです。※4 三分に一度は笑う子どもに対して、大人は一時間に一度も笑わないのです。


「まことに、あなたがたに告げます。あなたがたも悔い改めて子どもたちのようにならない限り、決して天の御国には、入れません。」（マタ18・3）

3　天国は天国の価値基準を持っている者だけが享受する

「蛭《ひる》にはふたりの娘がいて、『くれろ、くれろ』と言う。飽くことを知らないものが、三つある。いや、四つあって、『もう十分だ』と言わない。よみと、不妊の胎、水に飽くことを知らない地と、『もう十分だ』と言わない火。」（箴30・15〜16）

すべての不幸の中心には、自己中心というヒルが住んでいると言えます。

人類は長い間、太陽が地球の周りを回っていると主張し続けてきました。それゆえ長年に渡って天体物理学の発展が阻止されていました。このように世界が自分を中心にして回っていると錯覚する価値観ほど誤ったものはありません。

正しい価値観とは、創造主中心のものです。父なる神様のみこころを生活の軸にして考えることです。この人生の軸こそ、神の国とその義です。この神の国と神の義を軸にした価値観で何事も判断すると、間違いなく幸福が訪れます。

パウロは、自分自身が監獄の中にいながら、自由と富を満喫しているピリピの人々に向かって、「いつも主にあって喜びなさい。もう一度言います、喜びなさい」（ピリ4・4）という、喜びを主題とした手紙を送りました。

どんな境遇にあっても喜びに満ちあふれていたのは、パウロが持っていた価値観のゆえです。ピリピの人々は、何一つ不自由な物がなかったにもかかわらず、その世俗的な価値観のゆえに、パウロより幸せではなかったのです。

パウロのように幸福で毎日幸せな人生を営もうとするなら、神の国と神の義を軸にした価値基準を人生の中心に据えることです

では、神の国と神の義の価値基準とはどのようなものでしょうか。

●福音を伝えることを第一とする

クリスチャンの価値基準を一番明確に語っているみことばはこれです。

「だから、神の国とその義とをまず第一に求めなさい。そうすれば、それに加えて、これらのものはすべて与えられます。」（マタ6・33）

天の御国の福音を伝えることを最優先にして判断するなら、私たちはいつも喜ぶことができます。

パウロの感謝と喜びを見てみましょう。エルサレムでのパウロの罪状は「風紀を乱す者」でした。不名誉な犯罪者として逮捕されると、多くの信徒たちが誤解してパウロから離れていきました。

「パウロは我々の指導者としての資格はありません」

「パウロの書いた書簡は読む価値がありません」

「犯罪者である彼の教えは皆偽りです」

ところがパウロを離れた聖徒たちは、出て行って争うように伝道し、自分たちの教会を建てるのです。「パウロだけができるのではありません。我々もできます」という妬みと競争心から、熱心に伝道して教会を建てました。

一方で、パウロを使徒と認めていた者たちは、ガランとした教会をまた満たすために、さらに熱心に福音を宣べ伝えたのです。

獄中でこのような話を聞いたパウロはどんな反応を示したのでしょうか。

「裏切り者はのろわれよ」とうらんだでしょうか。そうではありません。自分が逮捕されたことが、かえって福音の前進になったと大いに喜んだのです。


「さて、兄弟たち。私の身に起こったことが、かえって福音を前進させることになったのを知ってもらいたいと思います。……すると、どういうことになりますか。つまり、見せかけであろうとも、真実であろうとも、あらゆるしかたで、キリストが宣べ伝えられているのであって、このことを私は喜んでいます。そうです、今からも喜ぶ（笑う）ことでしょう。」（ピリ1・12、18）

韓国の教会は戦後、また朝鮮動乱の後、しばらく分裂、成長という期間を通り、その後、教会史の学者たちが、分裂・成長期と名づけたほどの成長期を体験しました。分裂の苦しみだけを見ると悲しいことですが、大きな観点から見れば、伝道が一番積極的になされた時期だったのです。

パウロはすべての出来事を、福音の益となったかどうかという観点から判断しました。そのため、恥と痛みの中にあっても笑い、また喜び踊って幸福になることができたのです。

●全面的に信頼する（Total Trust）

私は宣教師になってからというもの、先輩たちから「祈れるのになぜ心配するのか」という言葉をよく聞きました。そうです。全能なる父に祈ればすべてを解決してくださるのに、なぜ心配するのでしょうか。

「とすれば、なおのこと、天におられるあなたがたの父が、どうして、求める者たちに良いものを下さらないことがありましょう。」（マタ7・11）

私は一九八六年から東京で教会開拓を始めました。毎月の家賃が高額だったので、建物を与えてくださいと祈り求めました。しかし神様の答えは「ノー」でした。「あなたはダビデのように神の御国を広げることに専念しなさい」と語られたのです。
神様の語られた通りに働くと、十分な実が結ばれました。六カ所に地域チャペルが建てられました。私は自分がダビデであるなら、会堂建設は次の世代に任せようと思っていました。

二〇〇〇年に入り、祈っていると、ディボーションの中で聖霊様が語られました。

「これからは建物を求めなさい！　すべての建物をいっぺんにあげよう」

「主よ。どうしてそんな不可能なことをおっしゃるのですか？　今まで一つもいただいていなかったのに、どうしてこの難しい時期に必要な建物を全部下さるとおっしゃるのですか。バブルがはじけて、今聖徒たちの収入も落ちています。宣教センターとして使う建物一つで大丈夫です」

しかし、神様の答えは変わりませんでした。

「わたしはいっぺんに与えることができる」

私はこの約束を信じました。それから数カ月後、出版社と礼拝堂、宣教センターを兼ねた建物が与えられました。一円も負債を負わずに購入できました。そればかりでなく、それから数年の間で、銀行との関係が開かれたり、競売で安く買える道が開かれ、ほかのすべての地域の教会堂も与えられました。バブル期に比べて、破格の値段ですべての必要な建物を購入することができたのです。さらに将来のビジョンに向けた土地も与えられました。

やはり主は生きておられ、今日も直接語られるお方です。何よりも大切なのは、主は良いものを与えてくださるという信仰です。

もしこの建物が八〇年代に与えられたなら、五倍から十倍ほど高い値段で購入しなければならなかったでしょう。そして、銀行の利息を返すために一生を過ごし、次の世代にまで負債を残すことになったでしょう。

下さらないことも祈りの答えです。**すばらしい天の父に全面的に信頼するなら、私たちはいつも笑うことができます。**

「いつも主にあって喜び（笑い）なさい。もう一度言います。喜び（笑い）なさい。あなたがたの寛容な心を、すべての人に知らせなさい。主は近いのです。何も思い煩わないで、あらゆる場合に、感謝をもってささげる祈りと願いによって、あなたがたの願い事を神に知っていただきなさい。そうすれば、人のすべての考えにまさる神の平安が、あなたがたの心と思いをキリスト・イエスにあって守ってくれます。」

（ピリ４・４〜７）

クリスチャンが本当に強い理由

私は弱くてすぐに倒れてしまう、土の器です。にもかかわらず私が強いのは、インマヌエルの神、全能なる神様が私と共におられるからです。全能者の力が私を取り囲んでいるのに、誰が私に敵対できるでしょうか。

Nothing is impossible with God！

信じる者にはできないことなどありません。

神様が共におられるのに、できないことなどあるでしょうか。

パウロは肉体にとげを与えられながらも、誰よりも多く働きました。このとげは、目の病気や持病などの説がありますが、そのようなとげに苦しみながらも、主の弟子たちの中でも一番多くの聖書を書き残しました。

その力とは「私が弱い時に本当は強い」「私を強くしてくださる方によって、私は何でもできる」と信じたからです。

これが真の力の秘訣です。

「私は、私を強くしてくださる方によって、どんなことでもできるのです。」
（ピリ4・13）

私たちの主、神様を全面的に信頼しましょう。

神の遅さは私たちの早さに勝ります。主の「ノー」は、最高の「イエス」です。私たちは主にあって強いので、常に笑うことができるのです。ハレルヤ！

第三部　クリスチャンと笑いの生活

五章　クリスチャンの笑いの源

「神の国は飲み食いのことではなく、義と平和と聖霊による喜びだからです。」

（ロマ14・17）

ここからは、地上の天国とはどのようなものかを考えていきましょう。

神の国は、義と平和と聖霊による喜び（笑い）だと記されています。

「義」とは、罪の赦しのことです。

イエス様が私たちの罪の代価を支払ってくださったので、私たちには神様の子どもとしての権利が与えられました。これは、天国人の資格のことです。これはイエス・キリストを信じること以外、何の条件もありません。これだけで、私たちはどれほど喜び、笑いで満たされることでしょう。

「平和」とは、神様と和解した結果いただいた、愛の関係のことです。

私たちが罪の中にいた時、神の怒りの下にあり、最後の裁きを待つばかりでした。しかし、キリストの贖《あがな》いによって神と和解し、平和の関係をいただいたのです。

「聖霊による喜び」とは、聖霊が臨み、神の品性である喜び（笑い）に心が満たされることです。

神様から来る喜びが、状況や環境を超えて心に満ちあふれる経験をしたことはありませんか。主の恵みを悟り、不思議にうれしくて感激の涙を流した経験はありませんか。

この「聖なる笑い（喜び）」は、天国の本質であり、神様ご自身の人格、品性なのです。神様の品性とは、以下の三つです。

①主イエスの恵み
②父なる神の無限の愛
③聖霊様との親しい交わり

「主イエス・キリストの恵み、神の愛、聖霊の交わりが、あなたがたすべてとともにありますように。」（IIコリ13・13）

イエス・キリストの品性とは、ご自身をささげて罪の代価を払い、私たちが失った天の御国の権利を回復してくださる、恵みの品性です。

父なる神の品性とは、愛するひとり子をお与えになるほど私たちを愛された、無限の愛（ロマ5・8）の品性です。

そして、聖霊の品性とは、コイノニア（交わり、交通、疎通、参加の意）です。ここにはいのちの交わりがあります。聖霊によって、愛の交わり、恵みの交流がなされ、賜物が現れます。そしてここに、神様の喜びが臨むのです。

天国とは、この三位一体の神様の品性が満ち満ちた国なのです。

ですから、**天国は神の愛と恵みと交わりが川のように流れ、その喜びの笑いが絶えないところと言えます。**

イエス様が罪の代価を払ってくださったその恵みを喜び、父なる神の愛に感謝し、聖霊との親しい交わりを喜ぶ時、私たちは天の御国の歓喜に満ち、その口には笑いが絶えません。

どんな境遇にあっても神様を信頼して、三位一体なる神様の品性に感謝するところから、笑い（喜び）の泉は流れるのです。

六章　クリスチャンはどのように天の喜びに満たされるのか？

「愛する者よ。あなたが、たましいに幸いを得ているようにすべての点でも幸いを得、また健康であるように祈ります。」（Ⅲヨハ２）

このみことばは、霊、肉、魂の「三拍子の祝福」と言われるものです。人間は霊・肉（からだ）・魂（心）のどれに問題があっても、幸せとは言えません。人間は全人格的に祝福を受ける必要があるのです。

使徒ヨハネは、長老ガイオが霊だけでなく、社会生活を営む心も幸せで、からだも健康であるようにと祈りました。クリスチャンはこのように、すべての点で祝福されるように祈るべきです。

ただし、この祝福には秩序が必要です。

この秩序が乱れてしまうと、受けた祝福ものろいとなってしまうからです。

例えば、未熟な若者が数十億円の宝くじに当選したとしましょう。果たしてそれが祝福と言えるでしょうか。

宝くじに当選した多くの人が、堕落し、不幸な人生を送っています。

本当の幸せを得るためには、それを享受するための精神的な成熟が必要です。

これと同じように、人間は何よりもまず、自らの「霊」が幸せにならなければなりません。自分の霊が神様との関係において祝福を受け、神の霊に満たされて喜び踊るようになることこそ、天の父の願いです。

そうすると、「心」も満たされ、いつもニコニコするようになります。

その結果、「からだ」の免疫力や脳のホルモンバランスも良い状態に保たれ、健康になります。運動で鍛えるなら、ますます健康になるでしょう。

この順番を無視することはできません。霊（自我）が神様との関係において幸福にならなければ、他のすべてが満たされてもむなしさはなくなりません。恐れと不安からも解放されないのです。

また心に不平不満があるなら、幸せであるとは言えません。その不平不満が自分の限度を越える時、病むようになるからです。

ですから人はその霊と心とからだのすべてにおいて、手をたたいて笑うほど幸せで健康にならなければならないのです。

それも、霊、心、からだの順序に従ってです。

霊を喜びで満たすためには

では、どうすれば自分の霊が喜びで満たされるのでしょうか?

霊は霊的なこと、つまり神様との関係によって幸福になります。神様との関係が平和で、神様に愛されるようになると、自分の霊が喜びに満ちあふれ、幸せになるのです。

クリスチャンはすでにキリストの贖いにより、罪の赦しをいただいています。

ただし、日々の生活の中で神様のみこころに従えなかったことがあるなら、それを悔い改めることによって神様との関係が回復します。

最も大切なのは、神様と愛の交わりを保ち、日々導きをいただくことです。これが霊を幸福にする一般的な方法です。

日々の交わりにおいて、神様が最も喜ばれるのは賛美です。

霊が主をほめたたえると、そこに神様の臨在が臨み、私たちを深い愛の手で包んでくださるのです。

その時、言い表せないほどの喜びが霊の深いところから湧き出ます。

その時には、自分の霊が聖霊に満たされるのが分かります。時には心まで満たされ、感動の涙を流すこともあるでしょう。

ミリヤムはタンバリンを手にし、踊って主を賛美しました。ダビデは契約の箱を迎えるにあたって、力の限り踊り、飛び跳ねました。

たとえつらい境遇の中でも、神様が自分の内におられることを感じるなら、幸せでいっぱいになります。このように、クリスチャンの霊は主をほめたたえ、賛美することを通して笑い、喜びで満たされるようになるのです。ハレルヤ！（詩22・3）

心を喜びで満たすためには

では、心は何によって喜びに満たされ、幸福になるのでしょうか？

神様の恵みを悟り、感謝することによってです。

人の心は、絶えず様々な人間関係や問題に取り組んでいます。心は五感を通して感じるあらゆることを自分の考えで判断し、結論を出します。そして、その実も受け止めなければなりません。その結果の影響も受けて、幸せか不幸かを感じるようになるのです。

これはごく普通のことです。大半の人は、周りの環境や状況に振り回され、幸福か不幸かを決めてしまいます。残念なことに、この価値観にとどまるなら、決して幸せになることはできません。

普通に生きている限り、不平不満、つぶやきが絶えず、不幸だと感じてしまうのです。

では、どうすれば良いのでしょうか？

信仰を持って感謝をささげることです。信仰を持って恵みの座に出て行き、また信仰によって感謝をささげるのです。そうすれば、不信仰によって死んでいた心が生き返ります。

クリスチャンが信仰によって感謝をささげることは、息がつまるような信仰の戦いの中で、胸いっぱいに酸素を吸い込むようなものです。

緊急事態において、この感謝の酸素吸入は人々を生き返らせます。その時、喜びが戻って来ます。幸せが戻って来ます。そして笑いが戻って来ます。喜びと感謝にあふれて、再び笑えるようになるのです。ハレルヤ！

からだを喜びで満たすためには

からだは脳が命令を出し、神経を伝って初めて動きます。ですから、脳が命令を出さなければ、からだは決して幸せになれません。脳が良いホルモンをたっぷり出すように命令を下さなければ、幸せホルモンは出てこないのです。

脳が免疫力向上を促さなければ、免疫力は上がりません。免疫力が低ければ病気になりやすく、脳が戦いを止めると病気には勝てません。

からだは脳によって幸せになったり、不幸になったりします。ですから、まず脳が幸せになる必要があります。

それでは、脳自体は何によって幸せになるのでしょうか。脳は何によって動かされるのでしょうか。

脳を支配するのは「考え」です。特に人の記憶の貯蔵庫である潜在意識が、脳に影響を与えています。

顕在意識は信念や意志によってある程度修正できますが、潜在意識はそうはいきません。しかし、私たちは多くのことを潜在意識によって決めているのです。

ですから、脳が幸せになるためには、この潜在意識が幸せに満たされなければなりません。そのためには、どうすればいいのでしょうか。

答えは、意図的に笑うことです。自分の意志で、普段からたくさん笑って、自分は幸せだと自分の脳に教え込むことです。脳の貯蔵庫である潜在意識に笑いをたくさん貯蓄しておけば、いつでも必要な時に幸せを引き出すことができるのです。

潜在意識に笑いを貯蓄しましょう。蓄えがなければ、いくら必要があっても引き出せないのが脳の原理です。


これはパソコンと同じです。ハードディスクに何を入れたかによって、何が出てくるのかが決まります。笑い声をたくさん脳に蓄えていれば、苦しい境遇にあっても笑えますし、たくさん蓄えられている喜びが潜在意識から湧き出るので、幸せを失いません。


潜在意識から幸せの命令が発信され、全身に幸せホルモンを出すように促します。すると、危機に陥った時には、普段の千倍もの幸せホルモンを出してくれます。

また脳は、強い免疫力を出すように命令することもできます。これがからだを支配する脳のメカニズムです。

ですから普段から、恵みに感謝する習慣、大声で笑う習慣をつけ、できれば笑いのグループを作って、そこでみんなで大笑いをすることをお勧めします。

この笑いの蓄えが潜在意識を変え、脳を幸せにコントロールしていきます。その結果、脳がからだをコントロールして良いホルモンを出し、全身を幸せに保つのです。

世の中ではすでに笑って健康になろうという動きがありますが、クリスチャンである私たちはなおのこと、自分のからだに命じて笑うべきです。

クリスチャンになっても以前とあまり変わらない人がいる

クリスチャンになっても、あまり幸せになっていない人がいます。言動が変わらず、未信者とあまり変わりがありません。

どうしてでしょうか?

聖霊に満たされていないからです。

霊が聖霊で満たされたとしても、心とからだが聖霊に満たされてないために、霊の喜びが外に現れません。人々に伝わるまでに至らないのです。私たちは、霊だけでなく、心もからだも、全人格的に聖霊に満たされる必要があるのです。

ですからクリスチャンは、意図的にでも潜在意識を変えていく必要があります。そのために、意図的に笑う大切さを知らなければなりません。もちろん、そのほかにも方法はあるでしょう。しかし、実際に笑うことは、効果的な方法の一つなのです。

クリスチャンはいつまで天国の笑いに満たされるのか?

日曜日の礼拝で恵まれても、幾日もたたないうちに弱ってしまうのはなぜでしょうか。喜びいっぱいだったのに、なぜ一日もたたない内にみじめな気持ちになって、人に八つ当たりしてしまうのでしょうか。

このような疑問を抱くクリスチャンも多くいることでしょう。自分は本当に救われているのかと疑ったことさえ、あるかもしれません。

それは、神様も私たちも人格を持った者だからです。

世の嵐の中にあって、神様との人格的な交わりを親密に保っていかなければ、神様や人への信頼や愛の心はどんどん少なくなってしまいます。また、様々なうそや惑わしにだまされ、誤解が生じることもあるでしょう。

それを防ぐためにはどうすればよいでしょうか。

聖書を調べてみると、ダニエルの信仰の歩みに目が留まります（ダニ6・10)。彼はどれほど大変な状況でも、一日に三度、神様に礼拝をささげました。これを逆説的に考えるなら、一日の三分の一を過ぎると、五感から入った世の価値観や誘惑が強くなり、疲れも重なって、潜在意識の中にある汚れた気持ちが力を持つようになるのではないでしょうか。

そして少しずつ喜びを失い、笑いも消え、御霊の思いに逆らって行動するようになるのです。

ですから、二十四時間、聖霊に導かれて幸せに生きるためには、日に三回、聖霊に満たされるように主と交わりをすれば良いのです。

一日三度、主と親しい交わりを持てば、喜びと笑いが絶えることはありません。その上、主からたくさんの知恵と力をいただいて、生きることができるようになるのです。

これがダニエルの生き方です。また、すべての預言者や祭司、使徒、牧者たちの生き方です。敬虔な信徒たちは皆、この秘訣を心得ていました。

一日をこのように過ごしましょう

朝は初穂として、賛美の礼拝をささげます。

自分の霊が聖霊に満たされるために、賛美は欠かせません。

また、みことばを黙想し、短い時間でも笑って、幸せになる習慣作りをするのもよいでしょう。

昼は感謝と祈りをささげます。

午前中の出来事を神様に告げて、相談をし、知恵を求めます。また、神様に感謝をささげましょう。

五分でも十分でも、ダニエルのように習慣的に感謝と祈りをささげましょう。

夜にはその日の感謝日記を書きます。

一日を振り返って、感謝をささげましょう。

感謝できることを探すだけでなく、うまくいかない時にうまくいくことを信じて、感謝できないことにも感謝をささげることができれば最高です。

この一日に三度の礼拝において、短くても主を喜んで笑うなら、心も明るくなることでしょう。

そのうち、聖霊様がどんどん働かれ、幸福に満たされていくようになります。また、いろいろなことがスムーズに運ぶようになっていくでしょう。その結果、笑いが絶えない生活という実が結ばれます。

神の聖なる喜びに満ちあふれて、心から、全身で喜び、笑うようになります。

つまり、全人格的に聖霊に満たされ、笑いが絶えない天国人としての人生を、この地上で送るようになるのです。

第四部　笑いの花が開く天国生活の勧め

七章　天国生活の三つの命令

マタイの福音書六章三三節で、イエス様はどんな境遇にあっても世において天国生活を求めて生きなさいと語られました。パウロはこの命令を、具体的にこう指示しました。

「いつも喜んでいなさい。絶えず祈りなさい。すべての事について、感謝しなさい。これが、キリスト・イエスにあって神があなたがたに望んでおられることです」

（Ⅰテサ5・16〜18）

いつも喜んでいなさい

楽しく表現すると、「いつも笑いなさい」ということです。「いつも」とは、笑いが絶えないように、笑えない時でも笑うということです。

悲しみに遭った時も不幸な時も笑い、うつになりかけた時も踊り、断食して祈っている時も楽しみます。迫害され、恥と屈辱の中でむち打たれ、追放された時にも祝宴を開いて友だちを招きます。一緒に喜び、笑い、楽しみなさい、という命令です。そんな命令はおかしいと思われますか。しかし、神様のばかげた命令は、人の知恵をはるかに超えるものです。

ある日、友人がニコニコ笑いながら訪ねてきました。冤罪をかけられ、苦しみの中にいる伝道者でした。いよいよ頭が変になったのかと思いました。

「今日はどうしたの。ニコニコして」

「イエス様が天国で私に報いを下さると約束してくれたのです。ぼくは今日、その保証書をいただいたんですよ」

彼は依然としてニコニコしていました。

私は訳か分からず、彼をじっと見つめていました。すると彼は言いました。

「実はあまりにも苦しくて、昨夜叫び、祈りながら主に訴えたのです。すると主が山上の垂訓を通して語ってくださいました。

『君は、福音のために受けているこの苦しみの意味を知らないというのか。福音伝道のゆえに迫害を受けた時は喜び踊りなさい。天において、あなたの報いは大きいからと言ったではないか。このみことばの約束が後に、君が天に行った時に受ける報いの保証書だ』とおっしゃったのです。その約束を聞いて、私は喜びにあふれたのです」

「義のために迫害されている者は幸いです。天の御国はその人たちのものだから。……喜び（笑い）なさい。喜びおどり（笑っておどり）なさい。天ではあなたがたの報いは大きいから。あなたがたより前にいた預言者たちを、人々はそのように迫害したのです。」（マタ5・10〜12）

それ以来、このみことばが苦難の時でも笑いの源となり、後に受ける多くの報いの保証書となりました。そして、彼の地上での天国生活において、大いに力を発揮したのです。

絶えず祈りなさい

この命令は、呼吸をするように自然に聖霊様と交わり、その導きに従いなさいというみことばです。

祈りを休むと倒れてしまいます。敵の悪魔に征服されてしまうのです。ですから絶対に祈りを休んではいけないのです。

ところで、休まずに祈ることなど、到底不可能に思えます。しかし実は、これほど大切で、またたやすい仕事もありません。肺が休まずに息をし、心臓が休まずに動くように、私たちの中におられる聖霊様という自律神経を通して神様に祈ればよいからです。

私が初めて聖霊の自律神経を通して人格的に主と交わりをしたのは、あるカナダ人の宣教師に出会った時のことでした。私は当時二十代で、ある地域で伝道を始めていました。そこへ、カナダからの宣教師が同じように導かれてやってきました。ある日、彼らは私を訪ねてきて、主に示されてきたのだが交わりをしたいと言うのです。その時私は、一週間に三日は徹夜をして祈っていましたし、一カ月のうちの一週間は山にある祈祷院に行き、熱心に祈って伝道していました。ところが彼らと交わりをしているうちに、彼らがいつもニコニコしている姿が不思議に思えてきました。彼らは常に聖霊に満たされ、喜んでいたのです。不思議に思った私は、彼らの生活をよく観察してみました。そこで、不思議な発見をしたのです。彼らは、いつも静かに神様と交わりをしていたのです。私と会話をする時も、しょっちゅう静かな声でハレルヤ、ハレルヤ、と祈っていたのです。時々「Praise the Lord！ Praise the Lord！」と主を賛美していました。自然に主に短く祈り、交わりをし、賛美もしていました。それが私と大きく違うところでした。

私の信仰生活は真剣すぎました。常に主と交わるとはどのような生活か、よく分かっていなかったのです。そのため、笑うことはあまりなく、いつも深刻で、真剣でした。家に帰った私は、彼らを模範として、主と交わる練習をしました。そこから主が自分の飢え渇きは常にあり、満たされない時には徹夜をして祈るような信仰生活でした。心に臨在してくださるのを経験しました。常に主を喜び、聖霊に満たされ、導きを求める生活を経験し始めたのです。

私たちの祈りの生活は、聖霊の中で、無意識でも働き続ける自律神経のような仕事にならなければなりません。霊的に呼吸をするように、神様と自然に交わるべきです。

すべてのことについて感謝しなさい

私たちが感謝をささげるべき内容について考えてみましょう。

●平凡なことに感謝しよう

今日も起き上がることができること、からだが健康なこと、手や足が動くことなど、平凡な日常の出来事を数えて感謝しましょう。今日という一日は、昨日亡くなった人々にとっては切に望んでいた一日です。幼いころに視力と聴力を失ったヘレン・ケラー女史は「もし私の目が三日間だけ見えるとしたら（Three Days to See)」というエッセイを書いて、見えることがどれほど祝福であるかを世界中の人に教えてくれました。

●偶然にも感謝しよう

なぜなら、偶然というものは存在しないからです。この偶然が集まって摂理という森を作り、祝福という山脈を形成しているのです。

ヤコブは故郷から逃げる途中、女性たちが集う井戸のそばで渇いたのどを潤そうとしたところ、偶然生涯の恋人になる妻と出会いました。アブラハムのしもべも、旅行先の泉のほとりでイサクの妻となる女性に出会いました。

モーセも亡命の道で偶然井戸のそばを通った時、四十年間避難先となってくれた生涯の妻、ミデヤン人の女性チッポラに出会いました。

ラハブは偶然宿泊客を助けたところ、救い主の家系に加えられました。

うつ病にかかり、隣人の目を避けて生活していたサマリヤの女は、誰も水を汲みに来ない真昼に井戸に水を汲みに行ったところ、偶然救い主イエス様に出会いました。その日以来、彼女は身を持ち崩した生活から立ち直り、輝く伝道者となりました。

「偶然」とは、自分が計画していなかったという意味の言葉です。しかし、実は神様の摂理と介入の中で計画されていたことなのです。このことを覚えて感謝することです。

知恵がここにあります。偶然とは、神様が祝福のために備えられた摂理です。それを悟った人は、偶然にも感謝をささげるようになるのです。

●感謝すべき時に感謝しよう

感謝は祝福の掛け算です。すればするほど増えていきます。十人のツァラアト患者たちが皆いやされましたが、イエス様に感謝をささげようと戻ってきた人はたった二人だけでした。イエス様はその二人に永遠のいのちを加えてくださいました。他の八人はからだはいやしてもらいましたが、そのチャンスを永遠のいのちをいただくという祝福につなげることができなかったのです。

たとえ誰もがうらやむほどの神の奇跡、祝福を体験しても、感謝しなければ、あっという間にそれは当たり前のことになってしまいます。

感謝することを知らない人は、恵みを知らない人です。死にそうなところを助けられても、かえってうらむような人です。私たちはそのような人になってはいけません。

誰でも、神様に一、二度は助けをいただき、恵みの体験をしたはずです。その時、必ず感謝をささげるべきです。また、その恵みを忘れないように記録に残し、記念として感謝をささげるべきです。そうすればするほど、神様はあなたの生涯を恵みと奇跡で満たしてくださるはずです。これこそが笑いの絶えない天国生活です。

●逆境の中で感謝しよう

すべてのことに感謝しなさいというのは、**感謝できない状況においても、信仰を働かせて感謝しなさいという教えです。**うまくいかない時、本当に困った時、また失敗した時、信仰の目を持って神様と周りの人々に感謝をささげることができなければなりません。

「神を愛する人々、すなわち、神のご計画に従って召された人々のためには、神がすべてのことを働かせて益としてくださることを、私たちは知っています。」

（ロマ８・28）

●どんな時にも満足しよう

どういう境遇にあっても幸せになる秘訣とは、自ら満足することを学ぶことです。幸福の秘訣はそこにあるからです。

持っているものの大小によらず、環境の良し悪しによるのでもありません。幸福とは環境が原因ではなく、動機に関わるものだからです。

私たちは、常に真理の価値観を握る必要があります。

主のために暗やみの地を回りながら、時には飢え、時には裸になり、時にはむち打たれ、投獄されたりしながらも、自ら主のための苦難を喜び、楽しむ。笑いの人生を歩む秘訣は、この正しい真理の価値観を土台とするところにあります。

神様にあって、豊かな時も、貧しい時も、どんな境遇にあっても満足する秘訣を学ぶなら、私たちは常に喜び踊り、いつも笑って生きることができるのです。

シュバイツァー博士がノーベル賞の授賞式に参加することになりました。彼はアフリカを離れ、パリから汽車でデンマークに向かう予定でした。博士は英国の皇室から伯爵の名誉を受けた人です。新聞記者たちは、シュバイツァーを取材しようと詰めかけました。先を争って特等車に向かいましたが、そこに博士はいませんでした。次に一等車に行きましたが、そこにもいません。二等車にもいません。記者たちは、ここには乗っていないと思って皆帰ってしまいました。

しかしイギリスの一人の記者が、あきらめきれずに三等車をのぞくと、そこでシュバイツァーらしき人を見つけたのです。汚い席に座って、自分の前に座っている悪臭の漂う病気の人を診察していたのです。びっくりした記者が彼に近寄って、尋ねました。

「シュバイツァー博士、特等室にどうして移らないのですか?」

彼は無言で診察を続けました。

「先生、なぜ三等室に乗ったのですか?」

「この汽車に四等室がなかったからです」

「何ですって? 先生はどうしてこんな不便なところで労苦するのですか?」

しばらく汗を拭いて博士は答えました。

「私は楽なところを訪ねて行ったのではありません。私の助けが必要なところを訪ねています。特等室の人々は、私を必要としないからです」

「私は、貧しさの中にいる道も知っており、豊かさの中にいる道も知っています。また、飽くことにも飢えることにも、富むことにも乏しいことにも、あらゆる境遇に対処する秘訣を心得ています。私は、私を強くしてくださる方によって、どんなことでもできるのです。」（ピリ４・12～13）

八章　ダニエルをベンチャーマーケティングする（ダニ6・10）

ダニエルの生涯を通して、笑いに満ちた信仰生活を学んでみましょう。

ダニエルはこの地上を天国人として歩みました。彼の天国生活の秘訣は誰よりもユニークでした。しかし、ダニエルほど人生の出発が悲劇であった人もいません。

ダニエルはユダの王族の一人として生まれ、誰よりも裕福な生活を送るはずの人でした。しかし彼は突然祖国をバビロニアに滅ぼされ、敵国の捕虜となってしまったのです。そして異国の地で宦官の下で訓練を受けることになりました。宦官になったのかもしれません。彼は異国の地で、祖国を滅ぼした国の王に仕えることを、人生の目的にしなければならなかったのです。この苦しみは、想像を絶するものだったでしょう。その上、その国には神様の嫌われる偶像礼拝や占いが満ちており、それらを強制されることもたびたびありました。

感謝は天国、不平は地獄

ダニエルが自分の不幸な運命を嘆き続けたとしても仕方のないことでした。しかし、たとえ嘆き続けても、それは少しも彼に益をもたらしません。

ダニエルが決定的に良いスタートを切ったところは、彼が悲しむことをやめ、信仰を働かせて主の摂理を信じ、主のために自分の人生を聖別しようと志を立てたことです。

彼は堕落せず、酒に酔わないと決心しました。偶像にささげられた肉を食べず、自分の身と心をきよめて、高い志、神のみこころを求めていくと決めたのです。

知恵を持って組織の反感を買うことがないように立ち回り、柔和な心で組織の上にある人たちを納得させました。祖先の罪がこの結果を招いたのだからと、心を定めてこの地に身を置き、神様の愛に信頼しよう、計り知れない神の計画に感謝しようと決めたのです。

これは、神様の摂理と愛を信じ、うらむことより信仰を働かせて生涯を生きようと決めた、一人の少年の偉大な決心だったのです。

ダニエルはエルサレムの方向にある東方の窓を開き、シオンの神殿に向かって毎日感謝をささげ、敬虔な祈りをささげていました。

勝敗を決めるのは結局習慣

しかし、ダニエルのように特別な信仰を動員しても、いつも感謝をささげることができるとは限りません。

日常生活の中で、感謝と従順が習慣化されていれば、小さなことにも感謝をささげることができ、感謝することのできない状況においても感謝をささげることができるようになるのです。

この地上で天国の生活を送るためには、感謝する習慣を身につけることです。感謝の習慣を自分のものにするためには、とにかく感謝を実践し続けるしかありません。そうすれば、あなたは地獄のような世にあっても、天国を生きることができるのです。

毎日三回という数字

「――彼は、いつものように、日に三度、ひざまずき、彼の神の前に祈り、感謝していた。」（ダニ6・10）

ダニエルの感謝と敬虔な祈りは、一日三回ささげられていました。大事なのは、一日三回という数字です。朝と昼と夜、天の神に敬虔に祈り、感謝をささげたということは、彼の生活と信仰が決して揺さぶられなかったことの証明です。

心は願っていても、からだは弱いのです。ストレスがたまるとピリピリしやすくなります。罪を犯したり、失敗したり、肉の欲に負けてしまうケースの多くは、私たちの心がストレスに耐え切れず、聖霊の統治下にいなかったために起こるのです。

聖霊の満たしは、私たちの肉体が日に三回新しい栄養分を供給するために食事を必要とするのと同じように、必要不可欠なのです。

逆境であればあるほど

ダニエルの偉大さは、この神様との交わりの時間を、どんな境遇にあっても守り通したということです。彼はたとえ自分が罠にかけられても、この感謝と祈りの時間を死守したのです。

ダニエルは、ペルシャの王様だけに礼拝をささげなければならないという王の命令が、自分の信仰を試すサタンの試みであることを悟りました。そのため、むしろ大胆に、東方の窓を開けて神様に礼拝をささげました。ダニエルは自分の信仰が偶像崇拝者たちの試験台に上がっていることを知ったからこそ、かえって神様を証しする心で堂々と立ち向かったのです。そして神様はその信仰に報いてくださったのです。

迫害者があなたの信仰をテストする時

今日もダニエルのような信仰の戦いがどれほど多く起こっていることでしょうか。

韓国の地で、ある青年が兵役に服していました。本来、信教の自由は保証されています。しかし、実際に兵役期間中に信仰生活を守るのは並大抵のことではありませんでした。

実戦部隊に配置されるやいなや、信仰生活の妨害が始まりました。初日に「信仰生活をやめろと言ったら従うか」と質問され、「信仰だけは譲ることはできません」と答えると殴られました。倒れても倒れても殴られ、蹴られ、メガネも壊れました。

翌日は日曜日でした。隊長は皆を集め、あらかじめ決められていた外泊組の点呼をした後、こう言いました。

「この外泊組以外で、どうしても自分は今日外泊しなければならないという者がいれば手を挙げてみろ！」

二等兵の彼は、迷いながらも手を挙げました。するとその隊長がすぐに大声で叫びました。

「分かった！　行って来い！」

彼は外泊組の一員となり、最初の週から教会で礼拝をささげました。そして、礼拝を守り続けることができたのです。

一方、新兵の中にはクリスチャンも結構いましたが、皆最初の日に戦いを放棄したために、日曜日に礼拝をささげることもできず、苦しい新兵生活を余儀なくされましたのです。

やがて、彼は兵士長となりました。そのころには、彼は後輩たちを引率して近くの教会に行き、共に礼拝をささげる責任者となっていました。ところがそこに突然、悪魔のような新任の将校が赴任してきたのです。彼はクリスチャンを迫害しようと、礼拝の時間に意図的に兵士を呼び出し、任務につかせるのです。これが霊的な戦いであることを悟った彼は、みんなにこう言いました。

「私は、新任の将校が我々の信仰を試しているがゆえに、かえってこの礼拝を放棄することができません。最悪の場合、軍法会議にかけられ、処罰を受けるでしょう。それでも私は礼拝を守ります。私と共に礼拝を守ろうとする人がいれば、共に行動してください」

彼らは礼拝に行く時間までは完全武装をして任務に就き、礼拝に行く時間になると、皆で塀を乗り越えて教会に行きました。この後どのような目に遭うのか分からない中でしたが、皆は言い尽くせない喜びと平安に満たされ、賛美をささげました。

礼拝が終わると、彼らは今度は堂々と正門から入り、帰隊の報告をしました。最悪の状況を覚悟して司令室に行くと、そこにはどうしたことか、自分の家で休んでいるはずの司令官が座っていました。彼は部隊の点呼をとった後、「各自解散！」と告げました。それ以上、何の処罰も受けなかったのです。一方、新任の将校の顔色は真っ青でした。何かあったに違いありません。

このようにたびたび訪れる試みに勝利し続けた結果、驚くべきことが起こりました。彼が退役するころには、毎週精神教育という名の軍隊教育を実施する代わりに、外部から有名な牧師と聖歌隊を招き、全兵士を集めて礼拝をささげるようになったのです。この礼拝の集いは本当に喜ばれ、多くの若い兵士たちがイエス・キリストを救い主として受け入れるきっかけとなったのでした。

この世の君が時々私たちの信仰を試す時があります。

「ダニエルは、その文書の署名がされたことを知って自分の家に帰った。――彼の屋上の部屋の窓はエルサレムに向かってあいていた。――彼は、いつものように、日に三度、ひざまずき、彼の神の前に祈り、感謝していた。すると、この者たちは申し合わせてやって来て、ダニエルが神に祈願し、哀願しているのを見た。」

（ダニ6・10〜11）

エピローグ

主は私たちを守られる、しかしそうでなくても……

神様と人格的に親密な交わりを持たない人々は、たびたび神様を試みます。このように幼いクリスチャンたちにとっては、神様が自分の人生の主人ではありません。気分が良ければ主のしもべとなり、都合が悪ければ自分が主人になったりして、しもべと主人を行き来するような信仰生活を送ります。

この幼いクリスチャンたちは、常に信仰のインフルエンザに苦しみます。一日も健康な日はありません。ご利益という自分の基準を立て、その物差しで神様を試しているからです。そして度々神様をゴミ箱に捨てて、好きなようにします。

ある人は病をいやしてくださいと祈ったのに、神様がいやしてくださらなかったからといって信仰をゴミ箱に捨てます。

チャールズ・ダーウィンは、一生懸命祈ったのに妹が病気で死んだことがきっかけで、信仰を捨て、神様に復讐しようと決めました。彼は死を前にして泣きながら悔い改めたと言われています。

もし彼が神様を試す幼いクリスチャンでなかったなら、彼の「種の起源」という功績が、無神論を刺激するような方向に利用されることはなかったかもしれません。

このような幼い信仰は、一種のクリスチャン的偶像礼拝です。このような幼い信仰を離れましょう。そして、神様を自分の主人とし、主の栄光のために生きることを決心しましょう。たとえ神様のみこころが自分の願いと合わなくても、従うことを告白するのです。


「しかし、わたしの願うようにではなく、あなたのみこころのように、なさってください。」（マタ26・39）

ダニエルが迫害と逆境の中でも逆転勝利を収めることができたのは、彼がいつも神様を主人とし、自分をしもべとして、従順に従い続けたからです。彼は、主を信頼すれば決して失敗がないことを、主との親密な交わりを通して知っていたからです。

主は試みる者サタンを「あなたの神を試みてはならない！」ということばで退けられました。
私たちが自分の基準によって神様を試みたり、自分の願いに合わないからといって試みに陥ったりしてはなりません。インフルエンザにかかってばかりいる冬は悲惨です！

試みに陥らない天国信仰は良いものです。誘惑する悪魔の頬をたたきのめす天国人信仰が良いのです。「主よ、私の願い通りではなく、父の願い通りになさってください。私の願い通りになさらなくても構いません」という信仰です。

あなたの人生の主権を放棄して、神様のみこころに従うことを告白してください。

永遠の大笑いの日を待ち望んで……

新しい天と新しい地において、私たちは永遠に続く笑いの祝宴を開くことでしょう。

その幕開けはキリストの再臨です。主が来られる時、私たちは花嫁として花婿なるキリストと永遠の愛で結ばれ、盛大な婚礼を行うのです。それは人生最高の日です。この笑いに満ちた祝宴は、天の御国の王なるキリストと私たちが一つとなるお祝いであり、天国の家庭を作り上げる喜びに満ち満ちていることでしょう。

その時のことを、私たちは少しも心配する必要がありません。サタンは底のない火の池に閉じ込められ、飾られた花嫁のように整えられた都が天から来るからです。私たちは復活のからだを着て、永遠に明るく生きていくことになるからです。主は私たちのすべての労苦に報いてくださいます。また、私たちの目からすべての悲しみの涙を拭い去ってくださいます。

今を生きる私たちは、その日を待ち望みながら、霊の戦いに勝利し、日々天国を勝ち取っていかなければなりません。

その結果として、喜びに満たされ、天の笑いが絶えない祝宴の日々を過ごすことができるのです。

マラナタ！　ワッハッハー
マラナタ！　ワッハッハー
主イエスよ、来てください。
主イエスの恵みがすべての人の上にありますように。アーメン

参考文献

※1　https://www.huffingtonpost.jp/asahiglobe/america_b_9174924.html

※2　『奇跡の「笑い力」』p.73,76,166

※3　God wants you to be happy: 10 Bible verses on laughter
https://www.christiantoday.com/article/god-wants-you-to-be-happy-10-bible-verses-on-laughter/85062.htm

※4　https://prtimes.jp/main/html/rd/p/000000020.000010341.html

＜著者プロフィール＞

卞在昌（ビュン・ジェーチャン）

1948年、韓国に生まれる。高麗神学大学、大学院卒（M.Div）。韓国の長老教会において9年間牧会。アメリカのコロンビア神学校で研究。現在、MIM(国際弟子訓練宣教会)の日本理事長。

1981年来日、数年間の札幌での開拓を経て1986年上京、国際福音キリスト教会を開拓、牧会している。

その傍ら、日本の教会の成長とリパイパルを使命として、小牧者訓練会、小牧者出版の働きを始める。月刊ディボーション雑誌『幸いな人』を刊行し、ディボーションムーブメントを広めた。

著書『聖霊とともに生きる』『自分を愛せますか』『信仰による伝道』『愛の便り』ほか弟子訓練のテキスト多数。


天国へご笑待！　笑いで始めるクリスチャンライフ

2018年7月31日　初版発行

著　者　卞　在昌

発　行　小牧者出版
〒300-3253　茨城県つくば市大曽根3793-2
TEL: 029-864-8031
FAX: 029-864-8032
E-mail: info@saiwainahito.com
http://saiwainahito.com

印　刷　デジタル印刷

乱丁、落丁はお取り替えいたします。
Printed in Japan　小牧者出版 2018　ISBN978-4-904308-20-2